스레드 THREAD

디지털은 독점 없이 세계를
지배할 수 있을까

판권

《스레드》는 북저널리즘이 만드는 종이 뉴스 잡지다. 열여덟
번째 권은 2023년 11월 1일 발행됐다. 이연대, 신아람, 이현구,
김혜림, 백승민이 쓰고, 권순문이 디자인했다. 들어가며,
마치며는 신아람이 썼다. 홍성주, 권대현, 구성우가 제작을
지원했다. 커버 사진은 인터넷 아카이브(archive.org)에서
가져왔다. 1998년 구글 웹사이트가 처음 출시됐을 때의
모습이다. 북저널리즘은 2017년 서울에서 출판물로
시작해 디지털, 정기 구독, 커뮤니티, 오프라인으로
미디어 경험을 확장하고 있다. 이 책의 발행처는 주식회사
스리체어스(threechairs)이고, 등록번호는 서울중,
라00778이다. 주소는 서울시 중구 한강대로 416 13층,
이메일은 thread@bookjournalism.com, 웹사이트는
www.bookjournalism.com이다. 이 책에 수록된 글과 그림을
이용하려면 반드시 저작권자와 ㈜스리체어스의 동의를
받아야 한다.

《스레드》는 이달에 꼭 알아야 할 비즈니스, 라이프스타일, 글로벌 이슈를 선별하고 정제하고 해설한다.

목차

들어가며

한때 우리는 중국 없이 살 수 있을지에 관해 상상하곤 했다.
세계의 공장을 한 국가가 독점하다시피 했던 시절의 일이다.
지금 우리는 구글 없이 살 수 있을지에 관해 상상하지 않는다.
불가능하다는 것을 잘 알고 있기 때문이다. 2023년 11월의
《스레드》는 디지털 세계의 독점에 관해 이야기한다.
《스레드》는 크게 세 부분으로 구성된다. 먼저, '해설'은 지금
알아야 할 이슈의 이유와 맥락, 의미를 전한다. 조각난 뉴스
대신 완전한 스토리를 담은 여덟 개의 글을, 정성껏 골라
담았다. 특히 애플과 아마존, 카카오와 구글이 독점하고 있는
의외의 분야에 관해 상세히 다룬다. 다음으로 '인터뷰'에서는
내 삶에 레퍼런스가 되어 주는 인물을 만난다. 마지막으로
'도판'에는 《스레드》를 만드는 사람들의 다소 개인적이며
사사로운 사진을 실었다. 이번 호의 이슈가 일상에 어떻게
스며들어 있는지 엿볼 수 있다.
조지 오웰이 예견했던 '빅브라더'의 얼굴은 어떤 모습일까.
그는 우리의 적일까, 집사일까. 2023년 11월, 《스레드》의
질문이다.

해설

우리에겐 '해설'이 필요하다. 세계는 복잡하고 경이로우며 너무 빠르게 변화하기 때문이다. 지금 일어나고 있는 일을 이해하기 위해 알아야 할 것이 너무 많다.

2023년 11월의 '해설'은 가볍게 읽고 깊게 고민할 수 있는 짧은 글 여덟 편이다. 구글을 향한 반독점 소송 이슈, 로컬 콘텐츠로 반전을 노리는 카카오, 정신 건강 분야에 본격적으로 뛰어든 애플의 속셈, 새로운 캐시 카우를 찾아 하드웨어 시장으로 눈을 돌리는 아마존의 전략 등을 해설했다. 세계를 지배하고 있는 이 거대 기업들은 무엇을 독점하고 있으며 무엇을 더 독점하고 싶어 하는지에 관한 이야기다.

속보전에 매몰되어 치열함만 남아 버린 뉴스 생태계에서 조금 멀리 벗어나 보면 시대를 이해할 수 있는 통찰을 얻을 수 있다. 사건이 아니라 완결성 있는 이야기를 만날 수 있다. 《스레드》가 '해설'한다.

해설: 구글이 독점한 건 문화다

현지 시간 9월 12일, 미국 법무부와 구글이 10주에 걸친 긴 싸움에 돌입했다. 반독점 소송 재판이다. 25년 전, 윈도우 운영 체계와 익스플로러로 브라우저 시장을 장악했던 마이크로소프트를 상대로 한 반독점 소송 이후 최대 규모다. 김혜림이 썼다.

구글은 시장만 장악한 게 아니다. 디지털 전반의 문화를 만들고 정의했다. 구글이 발명한 검색 엔진이 표준이 되면서 새로운 형태의 검색 상상력은 사라졌다. 현대의 독점은 자재, 기업, 공급망의 문제가 아니다. 문화와 삶, 표준의 문제다. 이번 반독점 소송의 핵심을 파악해야 AI 밸리를 넘어선 이후, 검색 생태계의 혁신이 보인다.

세기의 재판

미국 법무부가 첫 소송을 제기한 지 3년 만이다. 2023년 9월, 구글을 향한 반독점 소송 재판이 시작됐다. 세기의 재판이라 불리는 이유가 있다. 미국 법무부와 구글 양측은 증인을 150여 명 신청하고, 500만 쪽이 넘는 문서를 법원에 제출했다. 이번 소송의 핵심 쟁점은 구글의 검색 엔진이다. 구글이 독점적 지위를 활용해 삼성과 애플에 자사의 검색 엔진을 기본 탑재하도록 계약했는지의 여부가 논의된다. 법무부는 구글이 그러한 계약을 통해 소비자들이 다른 검색 엔진을 사용하는 것을 어렵게 만들었다고 주장한다. 데이터 분석

회사인 시밀러웹에 따르면 구글은 미국 검색 엔진 시장의
90퍼센트를 차지한다.

구글의 공동 창업자인 래리 페이지(왼쪽)와 세르게이 브린. 2004년 촬영.
사진: Ben Margot/AP

구글 이전의 검색

구글링이 당연해진 시대지만 구글 이전에도 검색이 있었다.
1990년대 후반에서 2000년대 초, 웹이 발달하면서 사이트의
수가 기하급수적으로 늘어났다. 1세대 검색 시스템은 무수한
양의 사이트들을 쉽게 찾아볼 수 있도록 분야를 나눴다.
비즈니스, 영화, 문학 등의 디렉토리 안에서 해당 분류에
맞는 사이트를 모아 볼 수 있다. 사용자는 디렉토리 검색
기능을 통해 자신이 필요로 하는 사이트를 찾았다. '야후'와

'록스마트'가 디렉토리 검색의 대표 주자였다. 2세대 검색 모델로 불리는 '라이코스'는 수많은 검색 결과를 노출하는 검색 엔진으로 유명세를 얻었다. 2세대 검색 엔진은 사이트 단위를 넘어서 웹 문서까지 검색하는 수준으로 발전했다.

구글의 등장

그럼에도 문제는 여전했다. 웹 문서와 사이트가 늘자 검색의 품질이 낮아졌다. 래리 페이지와 세르게이 브린이 나섰다. 그들의 논문은 이렇게 시작한다. "우리의 목표는 검색 엔진의 품질을 향상하는 것이다." 구글은 정보 검색의 정확도를 높이고자 페이지랭크(PageRank) 방식을 채택한다. 페이지랭크는 가치 있는 정보를 선별하기 위해 웹 페이지와 웹 페이지 사이의 연결 관계를 활용한다. 영향력 있는 웹 페이지가 하나의 웹 페이지를 하이퍼링크 하면 해당 웹 페이지의 검색 노출 빈도가 올라가는 식이다. 구글은 방문 수, 조회 수, 클릭 수, 추천 수 등의 다양한 지표를 활용해 정보에 우선순위를 부여했다. 페이지랭크의 초기 아이디어는 인용과 하이퍼링크를 통한 투표를 기본 아이디어로 했는데, 이는 학계에서 논문의 신뢰성을 파악하는 시스템을 알고리즘화한 것에 가까웠다.

광고

구글의 페이지랭크 방식은 사이트를 분류하는 디렉토리와도, 전통적인 정보 분류 방식인 백과사전과도 달랐다. 즉, 구글이 발명한 건 새로운 검색 기능이 아닌 정보의 새로운 나열 방식이다. 수년간 페이지랭크 방식이 고착하면서 소위 '인기 사이트'가 등장하기 시작한다. 거대 사이트의 소유자는 트래픽으로 수익을 창출할 수 있게 되고, 검색 엔진은 수익성이 높은 광고를 집행할 수 있었다. 구글은 1990년대 후반, 타깃팅 광고 비즈니스 모델을 개척한다. 데이터를 수집하고 분석해 사용자의 관심사에 맞는 광고를 보여 주고 수익을 창출하는 방식이다. 지난 2분기, 구글의 매출 중 79퍼센트는 광고 사업이 차지했다. 구글만이 이 모델을 채택한 건 아니었다. 트래픽을 기반으로 플랫폼으로 성장한 테크 기업 모두 타깃팅 광고 모델을 택했다.

구글의 영향력

특정 웹 사이트와 정보에 트래픽이 몰리는 현상이 몰고 온 영향력은 광고에만 국한되지는 않았다. 워싱턴대학교의 한 연구는 구글 스칼라와 같은 학술 정보 검색 엔진이 학계에 미칠 영향을 지적했다. 검색 결과 상위에 노출되는 소수의 스타 논문이 학자의 인용과 후속 연구에 새로운 반향실이 될 수 있다는 논지였다. 영국 소비자들은 지난 9월 7일, 구글이 생활비 인플레이션에 기여했다는 이유로 수십억 파운드 규모의 소송을 제기했다. 소송을 주도하는 법률 회사는 다음과 같은 입장을 냈다. "구글은 수년 동안 검색 엔진의 경쟁을 차단해 가격 상승과 품질 저하를 불러왔다." 구글의 검색 엔진은 학술계와 커뮤니케이션, 인플레이션까지 손을 뻗쳤다.

사진: firmbee

노동

지각과 소비가 달라졌다. 노동 역시 바뀌었다. 구글의
고도화된 알고리즘은 무수한 지표들을 블랙박스 안에 넣고
흔들어 결과물을 산출한다. 그 결과물은 콘텐츠의 노출도와
구독, 좋아요와 같은 수치로 표현된다. 이 수치는 곧 보상으로
연결되는데, 문제는 크리에이터와 같은 노동자가 이 수익화의
결정 과정에서 배제됐다는 점이다. '알고리즘의 간택'은 이유
없이 이뤄진다. 디지털 문화 연구자 신현우는 이 과정을
다음과 같이 표현한다. "복잡한 알고리즘 신경망의 역학은
비가시화돼 있어 작업하는 당사자들은 추상화되는 자신의
노동 과정이 얼마만큼의 가치를 자아내는지 정확히 알 길이
없다." 과거의 노동자들은 노동의 과정과 가치 전체의 사슬을
파악하고 있었기에 공통의 담론을 만들고 권리를 주장할 수
있었다. 자신의 가치마저 가늠하지 못하는 노동자들은 공통의
담론을 만들 수 없다. 구글의 정보 나열 방식은 새로 등장한
노동의 형태를 새로이 정의했다.

화전

"사람들이 구글을 선택한다"고 구글은 말한다. 고객이
강요받거나 대안을 찾을 수 없어서 구글의 검색 엔진을
이용하는 게 아니라는 의미다. 구글이 주장하는 것처럼,
수많은 검색 엔진에는 대안이 있다. 문제는 사람들이 구글
바깥의 대안을 상상해 본 적이 없다는 점이다. 2000년대 이후,
우리는 구글의 방식이 아닌 새로운 형태의 검색을 경험해 본
적이 없다. 구글이 독점한 건 검색 기술과 알고리즘이 아닌,
디지털 이후 세계의 표준과 문화다. 법무부가 제재하고자
하는 것도 마찬가지다. 구글의 문화적 독점력 내에서는
새로운 상상력의 검색 엔진, 정보의 나열, 커뮤니티와 노동
형태가 생겨날 수 없다. 그런 맥락에서 반독점 움직임은
구글이라는 기업을 불태우는 것이 아닌, 새로운 기업을
탄생시키기 위한 화전(火田)에 가깝다.

IT MATTERS

화전 이후, 밭은 새로운 생명력을 얻는다. 검색 엔진계에도
그러한 바람이 불 수 있을까? 이미 대안은 제시돼 있다.

검색 엔진 '덕덕고'는 검색어 수집을 막고 개인 정보 보호를 1순위로 내세운다. '울프램알파'는 전문 지식 전달을 위해 검색 데이터를 수학과 과학 기술, 사회와 문화, 일상생활로 분류했고, '에코시아'는 탄소 중립 검색 엔진으로서 검색으로 인해 생성된 수익을 나무 심기에 활용한다. 그럼에도 아무도 이 대안들을 택하지 않는다. 획기적인 방법론 몇 가지보다 더 큰 불씨가 필요하다는 의미다.

검색 엔진 개발을 쉽고 빠르게 만드는 장치를 도입하는 건 어떨까? 이미 정부는 물과 전기, 통신 등 필수 자원의 사적 소유를 공공물로 전환한 바 있다. 1956년 미국의 전화 회사 AT&T가 법무부의 소송 이후 특허를 공유한 사례가 대표적이다. 데이터가 모두의 것인 만큼, 구글의 검색어 분류 색인을 공공물로 전환하는 방안을 생각해 볼 수 있다. 색인은 효율적인 검색을 위해 문서의 집합을 미리 가공해 두는 과정을 말한다. 전 세계가 구글의 색인에 접근할 수 있다면 무수한 검색 플랫폼이 빠르게 등장할 것이다. 경쟁의 에너지에 올라탄 구글은 다시 분주하게 움직이고 디지털 세계는 활력을 얻는다. 새로운 문화를 만들기 위해서는 전방위적 혼란기가 필요하다. 이 혼란기는 즐겁고, 또 생산적일 것이다.

해설: 카카오가 우리 동네로 찾아온다

카카오가 다시 한 번 동네 상권에 도전한다. 관계형 커뮤니티로 지역 상권을 잡겠다는 계획이다. 2023년 10월 선보인 베타 테스트 버전의 동네 소식 서비스가 그 시작이 될 전망이다. 이용자의 지역에 따라 날씨, 교통 등 동네 정보를 제공한다. 이를 지역 상점 페이지로 확장해 로컬 커머스 매출 증가로 이어 간다는 전략이다. 신아람이 썼다.

카카오를 이야기할 때 우리는 주로 논란과 실패를 중심에
둔다. 그 이유는 카카오가 그만큼 영리한 기업이기 때문이다.
영리했기 때문에 엄청나게 성장했고, 그래서 카카오의
실패는 거의 모든 이에게 영향을 미친다. 그래서 카카오의
실패는 우리의 피해다. 이번에 카카오가 선택한 미래 성장의
키워드가 바로 '우리 동네'다. 작고 헐했던 우리 동네의
가게들이 빅테크의 각축장이 될 것이라는 신호탄이다. 우리
동네 라이프의 변곡점이 될 수도 있는 움직임이다.

당근으로는 돈을 못 벌지만

우리 동네로 사업을 하는 대표적인 기업은 '당근'이다. 누적
가입자 수 3500만 명, 월간 활성 이용자 수(MAU·Monthly
Active Users)는 1800만 명을 넘었다. 그런데 돈을 못 번다.
2015년 창립 이후 흑자를 낸 적이 한 번도 없다. 지난해
매출은 499억 원이었고 영업 손실은 565억 원이었다. 이유는
당근이 기업 정체성을 중고 거래 앱이 아닌, '로컬 커뮤니티'로
정의하기 때문이다. 당근은 중고 거래에 수수료를 부과하지

않는다. 매출의 99퍼센트 이상이 광고 수익이다. 대부분 동네 소상공인들이 당근 앱 내에서 광고를 집행한 돈이다.

사진: 당근마켓

로컬 커뮤니티 말고, 로컬 커머스

당근은 지금 5년째 두 가지를 증명하고 있다. 첫 번째는 동네 상권이 돈이 된다는 점이다. 예전에는 조간신문에 끼워 왔던 전단지가 지역 상권의 소통 수단이었다. 하이퍼 마켓에서는 대파를 할인 판매하고 영호 정육점에서는 한우 국거리 행사를 한다는 소식이 전단지에 담겨 매일 아침 배달되었다. 하지만 2023년, 우리는 신문을 보지 않는다. 스마트폰을 본다. 중고 거래를 매개로 동네 단위의 네트워크를 구축한 당근은 이

전단지 시장을 흡수했다. 그게 495억 원이다. 그런데 이 금액은 한 기업이 흑자를 내기에는 부족하다. 역설적이게도, 당근은 동네 상권으로는 아직 이익을 낼 수 없다는 사실까지 증명하고 있는 것이다. 그런데 카카오가 로컬 커머스에 진출한다. 손해 볼 장사라고 생각했다면 없었을 시도다.

카카오 미용실의 폐업 사례

카카오의 '우리 동네 진출'은 처음이 아니다. 카카오의 520억 원짜리 아픈 손가락, '카카오 미용실'은 동네 상권을 플랫폼이 흡수할 수 있는지를 가늠해 볼 만한 시도였다. 그러나 곧장 동네 상권을 침범한다는 비판에 직면했다. 지난 2021년 국회 국정감사 증인으로 출석한 김범수 창업자는 "골목 상권 침해 사업은 반드시 철수하겠다"고 다짐해야 했다. 그런데 이번에는 다르다. 이미 확보한 이용자 수를 기반으로 동네 상권에서 힘을 쓰고자 하는 것이 기존의 사업 방식이었다면, 이번에는 동네 상권을 이용자들의 친구로 끌어들이겠다는 것이 핵심이다.

새로운 친구를 소개합니다

우리가 카카오라는 거대 플랫폼과 인연을 맺게 되는 순간은 카카오톡 앱을 설치하는 바로 그때다. '친구'와의 관계를 시작하기 위해, 유지하기 위해, 관리하기 위해 우리는 카카오톡을 사용한다. 그래서 카카오의 경쟁력은 앱 하단 맨 첫 번째 탭인 '친구' 탭이다. 2023년 8월에 있었던 콘퍼런스 콜에서 카카오는 친구 탭의 일간 활성 이용자 수(DAU·Daily Active Users)가 올해 2분기 말 기준으로 3000만 명 이상을 달성했다고 밝혔다. 전년 동기 대비 약 36퍼센트 성장한 수치다. 카카오는 이 친구 탭에 다양한 로컬 콘텐츠를 배치할 계획이다. 일단은 정보를 뿌린다. 날씨와 교통, 부동산 시세 등 우리 동네의 지역성이 중요한 정보들이다. 하지만 역시 콘퍼런스 콜에서 카카오가 강조한 것은 지역 상권이었다.

카카오의 큰 그림

쿠팡에서 양파가 얼만지는 앉은 자리에서 확인할 수 있다. 우리 동네 마트에서 얼만지는 가봐야 안다. 카카오톡으로 하이퍼 마트의, 영호 정육점의 특가 상품을 알 수 있다면 우리의 소비 생활은 변화할 수 있을까. 곧 알게 된다. 친구 탭에 등장할 동네 소식 서비스가 이런 정보를 흡수할 전망이기 때문이다. 로컬 파트너 확보에 있어 이미 큰 그림은 그리고 있다. 카카오의 사회 공헌 프로그램 중 '우리동네 단골시장'이 있다. 동네 시장을 중심으로 카카오 친구 탭 상단에서 세 번째 영역에 자리 잡은 '톡채널' 운영을 지원한다. 디지털 교육과 300만 원 상당의 채널 메시지 비용, 채널 활성화 목적의 홍보 지원금 300만 원 등이 제공된다. 동네 시장을 중심으로 작은 가게들을 톡채널에 끌어들이기 위한 행보로 해석할 수 있다.

2022년 8월 22일~9월 8일 서울 양천구 신영시장에서 카카오가 개최한 '서로의 단골이 되어 주세요' 캠페인. 사진: 카카오

전단지 대신 당근 대신 톡채널

동네 김밥 집 입장에서 지금까지 카카오보다는 당근이
더 매력적이었다. 걸어올 수 없는 거리의 손님은 손님이
아니기 때문이었다. 그런데 로컬 서비스 출시와 함께
카카오가 이용자의 지역 정보를 수집하고, 이를 바탕으로
오픈 채팅 등을 통해 지역 커뮤니티까지 흡수할 수 있게
된다면 카카오의 매력도가 올라간다. 홍은택 카카오 대표는
"파트너들에게 비즈니스 커뮤니케이션은 톡채널로 하는
것이라는 인식을 잘 심어 주겠다"고 콘퍼런스 콜에서 밝혔다.

친구가, 단골이 되는 경험

그렇다면 소비자는 우리 동네 가게들을 친구로 맞이할
준비가 되어 있을까. 미지수다. 팬데믹 기간에 배달할 수
있는 모든 것을 최대한 빠르게 배달하는 시스템이 공고히
자리 잡았기 때문이다. 배민과 쿠팡이 대표적인 성공 사례다.
팬데믹은 끝났지만 시스템은 남았고, 우리는 익숙해졌다.
한국부동산원의 조사에 따르면 열 곳 중 한 곳의 상가 건물이
비어 있다. 특히 영등포역 주변과 같은 소매 유통 상권의

상황이 심각하다. 옷이든 기저귀든, 쿠팡으로 사면 내일 새벽에 문 앞까지 배달되는 현실을 생각하면 쉬이 납득이 간다. 다만 떠오른 상권은 '경험 소비'의 트렌드를 만들어 낸 곳이다. 서울에서 청년층 유동 인구가 가장 크게 늘어나는 지역인 성수동이 대표적이다. 결국, 성수동 밋보어 카페는 줄 수 없는 경험을 줄 때 우리 동네의 작은 카페는 우리의 카카오톡에서 추방되지 않고 친구로 남을 수 있다. 가장 먼저 꼽아 볼 수 있는 경험은 아마도 '단골'의 경험일 것이다.

IT MATTERS

실패하지 않는 시대다. 점심 한 끼를 먹어도 리뷰와 별점으로 검증된 곳을 찾아가는 요즘, 동네의 작은 가게가 플랫폼의 힘 없이 살아남기를 바라는 것은 너무 순진한 공상일 수도 있다. 결국 당근이든 카카오든 동네 상권의 커뮤니케이션은 이제 스마트폰 속으로 들어올 예정이다.

관전 포인트는 이미 자리 잡은 당근을 카카오가 밀어낼 수 있느냐의 문제다. 카카오의 톡채널 서비스는 당근의 '비즈프로필' 서비스와 정면으로 충돌하기 때문이다. 당근은 지역 커뮤니티를 다시 의미 있게 만들어 시장을 창출하고자 한다. 카카오는 이용자를 지역 중심으로 묶어내 로컬 커머스 시장을 손에 넣고자 한다. 여기에 MY플레이스를 중심으로 한 네이버까지 본격적으로 가세하면 삼파전이다. 체급은 좀 다르지만, 의미 있는 대결이 될 것이다.

플랫폼이 적극적으로 '우리 동네'를 세일즈하게 됨에 따라 우리들의 동네는 재발견될 수 있을까. 그리고 우리는 다시 '단골'이라는 이름으로 그 가게들이 써나가는 이야기의 일부가 될 수 있을까. 최근 '도보마포'와 같은 새로운 형태의 로컬 미디어가 주목받고 있다. 인스타그램이 던져 놓은 과시의 충격과 팬데믹의 고립 이후, 당연한 사회적 욕구가 재발견되고 있다는 증거일지도 모른다. 도보마포가 발견한 동네의 가치를 부디, 플랫폼 기업들이 소홀히 하지는 말았으면 하고 바라보는 이유다.

해설: 애플은 정신 건강의 구원자일까?

애플이 본격적으로 정신 건강 분야에 뛰어들었다. iOS17은 건강 앱에 정신 건강 탭을 추가했다. 애플의 건강 앱은 사용자의 운동 시간과 수면 시간, 마음 챙기기 시간 등을 추적한다. 사용자는 정해진 시간에 자신의 마음 상태를 기록하라는 알림을 받게 된다. 김혜림이 썼다.

애플만이 아니다. 스타트업과 빅테크 모두 멘탈 케어 시장에
주목한다. 기술들은 말한다. 이 기술을 소유하기만 한다면,
활용하기만 한다면 당신은 건강해질 수 있다고 말이다. 이때
정신 건강과 보건 문제는 자기 계발의 영역으로 들어선다.
부지런하다면 비만이 되지 않을 수 있다는 신화의 되풀이다.
수많은 기술이 든든한 지원군으로 기능하기 위해서는 건강이
개인의 몫이라는 신화를 뛰어넘어야 한다.

애플의 마음 챙김

사용 방법은 직관적이다. 사용자는 아이폰과 애플워치,
아이패드를 통해 매일, 순간마다 자신의 감정과 경험을
기록할 수 있다. 스크롤을 통해 자신의 감정을 '매우 기분
좋음'부터 '매우 불쾌함'까지로 표현할 수 있는데, 감정을
묘사하는 키워드도 선택할 수 있다. 심리적 상태가 약간
불쾌하다면 화남, 불안함, 무서움, 좌절 등의 키워드가 뜨는
식이다. 감정에 가장 큰 영향을 미친 요인을 선택할 수
있고 애플리케이션 내에서 정신 건강 문진표를 작성할 수

있다. 애플은 '쿼츠(Quartz)'라는 코드명의 정신 건강 코칭 서비스를 기획해 왔다. 이번 iOS17의 건강 탭 업그레이드는 애플이 정신 건강 관리를 생태계의 일원으로 만들고자 한다는 증거다.

애플이 제공하는 정신 건강 기능. 사진: 애플

블루 오션

애플만 이 분야에 뛰어든 건 아니다. 영국의 스타트업 '림빅(limbic)'은 AI 치료 도우미를 자처한다. 림빅은 치료 이전 사용자의 인구 통계, 자격, 기준, 의사소통 방식 등의 주요 자료들을 수집한다. AI 챗봇은 환자와 대화하며 환자의 우울 정도, 불안 정도 등을 검진한다. 음성 바이오 마커 기술을 활용하는 기업도 나타났다. 국립과학재단으로부터 2800만 달러 이상을 모금한 미국의 기업 '킨츠기(Kintsugi)'는 AI 기반 음성 분석 도구를 활용해 사용자의 짧은 음성에서 우울과 불안의 징후를 찾는다. 2023년 기준, 현재 다운로드할 수 있는 모바일 정신 건강 애플리케이션은 1만 개 이상이다.

공급의 한계

정신 건강을 케어하는 기술은 어떻게 블루 오션이 됐을까? 일단 고쳐지지 않은 공급의 한계가 자리한다. 영국은 림빅이 제공하는 AI 기반 정신 건강 서비스를 대대적으로 배포하고 있다. 환자 과부하 때문이다. 지난 7월 영국 NHS는 정신 건강을 감당할 수 없을 정도로 위기가 커지고 있다고 밝혔다. 정신 건강에 대한 의뢰는 44퍼센트 증가했으나 환자를 돌보는 인력은 22퍼센트 증가에 그쳤기 때문이다. 절대적 공급의 부족에 지역과 자본의 문제도 개입한다. 미국의과대학협회에 따르면 미국인 중 28퍼센트만이 충분한 정신 건강 전문가가 있는 지역에 살고 있다. 정신 건강 치료에 있어 월평균 부담해야 하는 금액은 178달러에 이른다. 40퍼센트의 환자는 치료비를 감당하기 위해 누군가로부터 재정적 도움을 빌려야 한다고 보고했다.

공백에 뛰어든 기술

공급과 수요 사이의 공백. 기술은 이 공간에 뛰어들었다. 스마트폰만 있다면 다양한 명상 애플리케이션과 무드 트래커 기능을 통해 감정 조절에 쉽게 접근할 수 있다. 병원보다 장벽도 낮다. 심리적 장벽만이 아니다. 보통 정신과 초진에 소요되는 1~2시간, 접수까지 기다리는 대기 시간을 아낄 수 있다. 기술은 진료 예약에 들어가는 품, 의사와 커뮤니케이션하는 노력까지도 대체한다. 정신 질환의 경우 대기 시간과 노력이 치료에 있어 큰 장벽이 되기도 한다. 대학병원 의사와 대면하기 위해 평균 14.5일의 시간을 기다려야하는 것과 달리, 기술은 즉각적으로 어려운 상황에 대처할 수 있게끔 한다. AI와의 진료는 언제, 어디에서든 가능하다. 눈치보지 않고도, 타인에게 피해를 주지 않고도 오랜 시간 민감한 이야기를 꺼낼 수 있다.

애플워치를 가진 자와 그렇지 못한 자

중요한 건 누구나 기술을 소유할 수 없다는 점이다. 애플은 소유하지 못하는 데서 비롯하는 불안감을 마케팅 전략의 하나로 사용한다. 테크 언론사 〈더 버지〉는 최근 애플의 마케팅 방법론이 '죽음(mortality)'을 주요 소재로 활용한다고 지적했다. 광고는 애플워치를 가진 이는 터널과 산속에서 바로 구조 요청을 보낼 수 있고, 그렇지 않은 자는 고립될 수밖에 없다는 메시지를 전달한다. 생존과 건강 관리는 FOMO의 영역으로 들어선다. 정신 건강 관리는 기술을 소유하고 활용할 수 있는 자와 그렇지 않은 자로 양분된다. 이때부터 건강 관리는 공중 보건의 영역이 아닌 개인의 능력과 관리의 영역으로 들어서게 된다.

기록의 압박

감정을 기록하는 것, 명상 애플리케이션 등이 정신 건강에 실질적 도움을 주는지는 아직 논쟁의 영역이다. 캘리포니아대학교 심리학과 부교수인 스티븐 쉘러는 대부분 사람이 자신의 기분을 일주일에 두 번만 기록한다는 사실을 발견했다. 사람들은 부정적인 사건과 감정을 경험했을 때 애플리케이션을 켜지만, 긍정적인 기분에 치우친 채 감정을 기록할 가능성이 컸다. 책《도파미네이션》의 저자 애나 렘키는 수시로 기록하게 하고, 모든 정보를 추적하는 웨어러블 기기의 기능이 섭식 장애부터 건강 목표에 대한 강박 관념을 강화할 수 있다고 밝혔다. 무언가를 열거하거나 숫자를 부여할 때마다 그에 대한 중독과 집착 성향이 강해질 수 있다는 의미다. 애플의 정신 건강 탭은 한 달간의 정신 건강 지표를 그래프로 제공한다. 일종의 성적표다.

사진: Scott Rodgerson

자기 계발

정신 건강을 통제하고 기록해야 한다는 지금의 논의는 자칫 정신 건강을 개인의 습관과 심리적 문제로 축소할 수 있다.《미라클 모닝》은 나 자신을 돌보는 리추얼 열풍을 불렀다.《도둑맞은 집중력》과《도파미네이션》을 향한 관심은 현대인이 자신의 감정과 욕구를 통제하고 관리하고 싶어 한다는 증거다. 이런 흐름 위에서 쏟아지는 명상 애플리케이션과 무드 트래커는 감정을 기록하고 분석하는 것에 대한 책임을 개인에게 부여한다. 이때 정신 건강은 생활 습관과 리추얼, 자기 계발의 영역이 된다. 개인만이 감정과 정신 건강을 책임질 수 있다는 것은 신화에 가깝다. 정신 건강은 공중 보건의 문제다. 보건 체계와 인식, 문화까지 함께 움직여야 한다는 뜻이다.

IT MATTERS

1980년, 로버트 크로포드는 건강주의(Healthism)라는 개념을 정의했다. 다양한 영향을 미치는 역동적이고 다면적인 문제를 뒤로하고 건강을 개인의 책임으로 돌리는 것을 말한다. 크로포드는 건강주의가 빈곤과 혐오 등의 구조적 문제를 영속시키는 신화라고 지적했다. 그의 말처럼, 게을러서 비만이 됐다는 신화는 아직도 강고하다. 오클랜드대학은 정신 건강 애플리케이션이 정신 건강을 라이프스타일의 영역으로 축소하면서 건강주의를 강화한다고 지적했다. 건강주의는 건강하지 않은 상태를 개인의 몫으로 돌리며 이들을 소외시키고 낙인찍는다.

정부는 독거노인과 은둔 청년에게 AI 챗봇 스피커를 나눠줄 수 있다. 그러나 어떤 시민도 AI 챗봇이 은둔 청년과 외로운 독거노인 문제를 해결하는 방안이라 생각지 않는다. 그것이 근본적 해결책이 되는 순간, 그들은 스피커가 놓인 방 한 칸에 갇힌다. 건강함이 구조가 아닌 개인의 몫으로 남겨진다면, 기술은 또 다른 자기 계발 도구로 전락할 수 있다.

해설: 아마존의 네 번째 기둥

마이크로소프트(MS) 최고 제품 책임자(CPO) 파노스 파네이가 아마존에 합류한다. 파네이는 MS 윈도, MS의 하드웨어 브랜드 서피스(Surface)의 책임자다. 아마존에선 스마트 스피커 에코나 전자책 기기 킨들 등 하드웨어 부문을 맡게 될 것으로 알려졌다. 하드웨어는 아마존에서 말하는 '네 번째 기둥'의 후보군 중 하나다. 이커머스, 아마존 프라임 멤버십, 클라우드 서비스로 대표되는 세 가지 기둥을 넘어 아마존은 수년째 새로운 캐시 카우(cash cow)를 찾고 있다. 이현구가 썼다.

아마존의 외관은 1994년 창업한 세계 최대 전자상거래 기업이다. 창립일과 사업 분야에 대한 이미지, 충분한 시장 지배력은 성장성을 간과하게 한다. 아마존은 성장 둔화를 점치는 이들에게 올해도 시장 전망치를 웃도는 성적을 들이밀었다. 2023년 2분기엔 매출 1344억 달러를 기록하며 두 자릿수 성장을 이뤘다. 애플이 전년 대비 1.4퍼센트 낮은 818억 달러 매출을 기록한 것과 대조적이다. 네 번째 기둥을 찾아낸다면 아마존은 전례 없는 규모의 빅테크가 될지도 모른다.

사진: Christian Wiediger

다 파는 회사

"아마존은 회사로서 나를 두렵게 한다." 가치 평가의 최고 권위자인 뉴욕대학교 경영대학원의 애스워스 다모다란 교수가 2018년 CNBC와의 인터뷰에서 한 말이다. 그간 아마존을 유통업 공룡으로 여겨 왔던 그는 "더 이상 이 회사가 무슨 사업을 하는지도 모르겠다"고 덧붙였다. 밸류에이션이 어려울 정도로 확장된 사업 분야는 한국의 대기업을 연상케 한다. 차이점은 전략이다. 재무적 이유로 마구잡이식 M&A를 하지 않는다. 이커머스, 오프라인 매장, 물류, 지불 결제 시스템, 콘텐츠, 구독 서비스, 광고, 헬스 케어, 하드웨어, 클라우드 컴퓨팅, 인공지능 등은 대체로 유기적이다. 창업자 제프 베이조스의 투자 회사 베이조스 익스페디션과 우주 기업 블루 오리진까지 합치면 커버리지는 더 넓어진다. 그야말로 안 파는 것 빼고 다 파는 회사다.

Don't get Amazoned

베이조스의 '플라이휠(flywheel)' 전략은 최저가 실현(lower price)에서 출발한다. 이로 고객 경험이 향상되고 트래픽이 높아지면 거기서 나온 이익을 재투자해 더욱 비용 구조를 낮춘다. 수익이 아닌 오로지 성장에만 방점이 찍힌 계략이다. 이 때문에 아마존의 사업 확장은 기존 사업자들에게 재앙이었다. 저가 공세에 파이를 뺏기며 '아마존 당하기(Amazoned)' 때문이다. 아마존의 2017년 홀푸드마켓 인수 당시엔 월마트와 크로거의, 1년 뒤 디지털 약국 필팩 인수 때는 CVS의, 지난 6월 모바일 서비스 진출 때는 T-모바일과 AT&T 등의 주가가 폭락했다. 독점의 병폐도 불어났다. 소비자 후생을 빌미로 공급자를 착취해 오히려 서비스 품질이 저하됐고 줄도산으로 대량 실업이 발생하기도 했다. 아마존의 영향력을 가늠할 수 있는 대목이다.

기둥은 비대칭

2014년 베이조스는 주주 서한에서 상술한 주력 분야 셋을 언급하며 네 번째를 찾기 위해 노력 중이라고 밝혔다. 그는 이를 '기둥'이라 부른다. 네 번째 기둥이 필요한 이유는 그간 적자를 감수해 온 아마존의 전략과 편중된 영업 이익 구조 때문이다. 2023년 2분기 기준 아마존의 실적을 주로 견인한 건 매출의 40퍼센트를 담당하는 이커머스다. 3자 물류(FBA)가 24퍼센트, 클라우드 서비스인 아마존웹서비스(AWS)가 16퍼센트를 차지했다. 문제는 AWS가 아마존 전체 영업 이익의 70퍼센트를 차지한다는 점이다. 아마존의 거대한 지붕을 받치기엔 비대칭적인 구조다. 클라우드 부문 1위이자 전년 동기 대비 12퍼센트 성장한 매출이지만 AWS의 성장세는 둔화하고 있다. 2022년 1분기의 성장률은 무려 57퍼센트였다. 아마존의 고민은 깊을 수밖에 없다.

실패의 기록들

새 시장을 향한 잔혹한 공세 역시 어느새부터 통하지 않고 있다. 베이조스의 포부 이후 아마존은 진출한 대부분의 사업에서 쓴맛을 봤다. 대표적인 게 오프라인 매장이다. 홀푸드마켓의 신선 식품 시장 점유율은 미미했고 온라인에서 별 네 개 이상 받은 상품을 소개하는 4-스타 매장, 서점, 무인 점포 아마존고는 폐쇄됐다. 특히 신선 식품에서는 오프라인 매장이 강한 월마트를 이길 수 없었다. 하드웨어도 부진했다. 2014년 인공지능 비서 알렉사와 함께 출시된 에코는 스마트 홈 시장으로 가기 위한 첫 관문이었다. 출시 당시 70퍼센트가 넘던 점유율은 후발 주자의 난립으로 2018년부터 30퍼센트 아래로 떨어졌다. 스마트 홈 기기로 인한 개인 정보 유출 우려도 걸림돌로 작용했다. 알렉사 부문은 아마존에 연간 50억 달러의 손실을 입히는 중이다.

헬스 케어의 꿈

기대의 눈은 2021년 취임한 앤디 제시 아마존 CEO로 쏠린다. AWS를 키워 클라우드 컴퓨팅 시대를 연 인물로 유명하다. 그는 월마트의 추격과 넓은 국토에서의 물류 고정비를 감당해야 하는 이커머스보다 신산업에서 동력을 찾는 것으로 보인다. 아마존은 지난 8월 B2C 원격 진료 서비스인 아마존 클리닉의 출시를 알렸다. UI와 치료 항목은 한국의 닥터나우를 연상시킨다. 2019년에 출시해 3년 만에 종료한 기업용 원격 진료 서비스 아마존 케어의 재도전인 셈이다. 필팩 인수와 의약 구독 서비스 알엑스패스 출시, 1차 의료 서비스 업체 원메디컬 인수를 보면 아마존은 아직 헬스 케어의 꿈을 접지 않은 것으로 보인다. 그간 고비용, 무보험으로 의료 서비스 접근 자체를 생각지 않았던 미국인들로부터 새로운 경제를 창출할 수 있을지가 관건이다.

광고의 가능성

아마존 프라임 비디오를 위시한 엔터테인먼트 산업은
어떨까? 영화 제작사 MGM 인수에 아마존은 역대 두
번째로 큰 인수 금액을 썼다. 이외에도 아마존 스튜디오를
통해 자체 IP를 만들고자 막대한 돈을 쏟아붓고 있다.
그러나 효과는 미지수다. 프라임 비디오 이전에도 멤버십의
충성도는 높았다. ROI(투입 대비 산출)를 따지기 어려운
것이다. 《아마존 언바운드》의 저자 브래드 스톤은 프라임
비디오 강화가 베이조스의 의지임을 암시한 바 있다.
제시의 아마존이 집중하는 건 따로 있다. 2분기 실적에서
도드라지던 광고 분야다. 22퍼센트의 매출 성장을 기록했다.
애플과 알파벳이 개인정보 보호 정책을 강화한 것의 반사
이익에 더해 애초에 이커머스 플랫폼이니 광고 효율도 좋다.
알파벳과 메타는 언제든 파이를 뺏길 수 있다.

제시의 아마존

빌 게이츠는 "생성 AI 시대는 곧 아마존의 종말"이라 말한다.
모두가 개인화된 비서를 갖게 된다는 건 검색 사이트

내지는 아마존 등에 굳이 방문할 필요가 없어진다는 논지다. 제시의 생각은 다르다. 아마존의 AI는 아마존 서비스 전반과 이커머스의 강화로 이어질 수 있다고 믿는다. 아마존은 다소 뒤늦게 AI 경쟁에 뛰어들었다. 지난 4월 기업용 클라우드 서비스인 '베드록(Bedrock)'을 출시하며 자체 초거대 언어 모델(LLM)인 '타이탄 텍스트'와 '타이탄 임베딩스'를 쓸 수 있게 했다. 두 모델은 각각 텍스트 생성 AI, 검색을 통한 이용자 맞춤 설정을 지원하는 언어 모델이다. AI 경쟁은 전쟁 수준으로 격화하고 있지만 현재 AI 모델만으로 유의미한 수익을 내는 곳은 없다. 아마존의 방대한 이커머스 인프라는 AI 수익화의 열쇠가 될 수 있다.

IT MATTERS

아마존의 이익 구조를 보면 이미 아마존은 클라우드 기업으로 보는 것이 타당하다. 사업부 역시 스토어와 AWS로 나뉘어 각각 다른 CEO를 두고 있다. 제시의 CEO 취임은 AWS의 뛰어난 성적 때문이기도 하지만 플랫폼 기업의 문법이 변화하고 있다는 의미이기도 하다. 아마존의 플라이휠 전략은 모든 유통 스타트업의 교과서적 문법으로 자리 잡았다.

그러나 저가와 고의 적자로 시장을 잠식해 수익 없이 무한 성장하는 아마존화 문법의 시대는 지났다. 첨단 기술 경쟁의 장이 된 지금 제시의 아마존은 노골적인 테크 기업으로 거듭나고자 한다. 특히 테크 기업의 차기 10년의 레이스를 좌우할 양자 컴퓨터 분야에서 아마존은 구글과 숙명적 대결을 앞두고 있다. 그간 아마존의 지붕을 받치던 기둥의 위치는 제시 체제 아래 재배치될 수 있다.

그럼에도 여전히 유통과 물류 인프라 등 물성의 존재는 아마존의 거대한 자산이다. 디지털 기술이 아무리 고도화되더라도 인간은 데이터만 먹고 살 수 없기 때문이다. 시장 경제 아래 인간은 끊임없이 소비하고 물성 있는 재화는 건네져야 한다. 그간 아마존이 이커머스 분야에서 적자 전환을 반복하더라도 라스트마일 등 물류를 계속해 강화한 이유다. 그간 공을 들여 온 드론 배송에 더해 제시의 아마존은 자율주행 기술을 더하려 한다. 자율주행 자회사 죽스(Zoox)의 로보택시는 지난 2월 승객을 태우고 첫 주행에 성공한 바 있다. 타사의 자율주행 화물차가 아닌 자신만의 옵션을 준비해 둔 셈이다. 스페이스X의 스타링크에 비해 미진하지만 위성 인터넷 사업인 '프로젝트 카이퍼' 역시 블루 오리진의 인프라가 있기에 가능하다.

다만 제시의 아마존이 도전을 이어가기 위해선 시간과 사람이라는 전제 조건이 있다. 아마존의 투자자들은 낮은 수익성과 사업 벌리기에 지쳐 있다. 아마존만의 파괴적 혁신은 오랜 기간 실종됐고 가설은 계속해 실패했다. 특히 이커머스의 낮은 영업 이익과 알렉사 부문의 적자 누적으로 인해 도전의 기회는 많지 않을 수 있다. 30년간 무노조 경영을 해왔던 아마존에 작년부터 생긴 노조 역시 아마존의 큰 변수다. 전미자동차노조(UAW)의 파업을 아마존은 경각심을 갖고 지켜봐야 한다. 아마존은 사무직과 현장직의 노동 환경 양극화가 심하다. 특히 아마존의 물류는 높은 자동화율을 자랑하지만 높은 업무 강도로 늘 구인난에 시달린다. 사람을 놓치면 물류 인프라가 흔들릴 수 있다. 고객에 집중하는 만큼 공급자, 노동자에 대한 존중을 갖춰야 새로운 혁신을 꿈꿀 수 있다.

해설: 월터 아이작슨처럼 쓰려면

미국 전기 작가 월터 아이작슨이 쓴 일론 머스크 전기가 화제다. 아들의 성전환에 충격을 받아 트위터를 인수한 일화부터 인구 감소를 우려해 여성 임원에게 정자를 기증한 일, 위성 인터넷 서비스 '스타링크'를 차단해 우크라이나의 러시아 공격을 막은 일까지 책 내용이 국내외 언론에 연일 보도된다. 팔리기도 잘 팔린다. 9월 12일 32개국에서 동시 출간됐는데, 미국, 중국, 한국 등 주요국에서 벌써 베스트셀러 상위권에 올랐다. 이연대가 썼다.

유명 인사의 전기라고 다 잘 읽히는 건 아니다. 헬레니즘
제국을 건설한 알렉산더 대왕의 전기 《알렉산드로스
원정기》는 훌륭한 책이지만, 끝까지 읽기 어렵다.
760페이지나 되는 머스크의 전기를 계속해서 다음 장으로
넘기게 하는 가장 큰 힘은 아이작슨의 스토리텔링이다.
아이작슨은 세계적인 전기 전문 작가다. 신문 기자 출신으로
《타임》 편집장과 CNN 대표를 지냈다. 헨리 키신저, 벤자민
프랭클린, 아인슈타인, 스티브 잡스, 레오나르도 다빈치의
전기를 썼다. 아이작슨의 글쓰기 원칙을 살펴본다.

사진: 21세기북스

아무나 쓰지 않는다

전기 작가라면 누구나 슈퍼 셀럽의 전기 집필을 꿈꾼다.
아이작슨은 어떻게 머스크를 설득했을까. 결론부터 말하자면
설득할 필요가 없었다. 머스크가 먼저 제안했다. 미국 아마존
서점에선 아이작슨이 쓴 전기 네 권이 세트로 묶여 팔리고
있다. 세트 제목은 '천재들의 전기(The Genius Biographies)'.
프랭클린, 아인슈타인, 잡스, 다빈치 전기로 구성됐다. 이
대열에 끼고 싶지 않은 천재가 있을까. 아이작슨은 단지
유명한 사람의 전기를 쓰는 게 아니다. 과학과 인문학의
교차점에서 창의성을 폭발시킨 천재에 집중한다. 아무
때나 쓰지도 않는다. 2004년 잡스가 전기 작업을 의뢰했을
때도 처음에는 거절했다. 쓰더라도 잡스가 은퇴한 뒤에 쓸
생각이었다. 그러다 2009년 집필을 결심한다. 잡스가 두 번째
병가를 낸 후였다.

잔인할 정도로 솔직하게 쓴다

비밀주의에다 고집불통이고 완벽주의자인 잡스는 왜
아이작슨에게 전기 집필을 맡겼을까. 자신을 객관적으로

바라볼 수 있게 하기 때문이다. 우리가 아는 전기는 대개 좋은 말로 가득하다. 특히 생존 인물의 전기는 더 그렇다. 아이작슨은 다르다. 그는 잡지 황금기였던 1990년대에 시사 주간지 《타임》 편집장을 지냈다. 표지에 항상 사람 사진을 넣는 《타임》은 인물 기사에 강했다. 인물을 통해 시대를 들여다봤다. 아이작슨은 《타임》 출신답게 객관주의 저널리즘에 입각해 전기를 쓴다. 때로는 잔인할 정도로 솔직하다. 수십 번 만나며 관계를 쌓은 머스크에 대해 "셀럽 병에 걸렸다"고 평가한다. 아이작슨은 전기 인물이 책에 개입하지 못하도록 작업 시작 전에 조건을 붙인다. "집필 과정에 어떠한 영향력도 행사해서는 안 되며 사전에 보여 달라고 해서도 안 된다."

설교하지 않고 이야기한다

솔직한 글이라고 모두 잘 읽히는 건 아니다. 스토리텔링이 중요하다. 아이작슨이 지향하는 글쓰기는 "설교자가 아니라 이야기꾼이 되는 것"이다. 세상에 설교자는 너무 많고 이야기꾼은 너무 적다. 놀라운 이야기를 들려주면 사람들은 스스로 메시지를 얻는다. 아이작슨은 저녁 식사 테이블에 둘러앉아 '옛날 옛적에' 하고 옛이야기 들려주듯 글을 쓴다. 이렇게 쓴 글을 다음 날 아침에 소리 내어 읽으며 쉽고 재밌는지 확인한다. 전형적인 연대순 기술 방식이라 도입부가 강렬하진 않지만, 한번 읽기 시작하면 책장을 덮기 어렵다. 일화와 인용문으로 촘촘하게 짜인 내러티브 덕분이다. 이런 내러티브는 성실한 인터뷰, 자료 조사, 관찰에서 나온다.

월터 아이작슨. 2014년 촬영. 사진: Christopher Michel

적까지 인터뷰한다

성경부터 오디세이, 허클베리 핀까지 모든 위대한 글은 일화로 이뤄져 있다. 인터뷰가 깊을수록 일화가 풍성해지고, 일화가 다채로울수록 인물이 입체적으로 그려진다.

아이작슨은 잡스 전기를 쓰기 위해 18개월 동안 잡스를 40여 차례 인터뷰했다. 집에서 인터뷰하고, 산책이나 드라이브를 하며 대화했다. 전화와 문자도 수시로 했다. 잡스가 들려준 이야기를 확인하고 더 구체화하기 위해 100명이 넘는 잡스의 친구, 친척, 동료를 인터뷰했다. 잡스가 버렸거나 잡스에게 분노한 사람까지 만났다. 잡스와 대립했고 급기야 잡스를 애플에서 내쫓은 앙숙 존 스컬리 전 애플 CEO, 애플을 공동 창업했지만 관계가 틀어진 워즈니악을 인터뷰했다. 그들의 솔직한 심정을 끌어내 잡스의 인간적인 면모를 그렸다.

학자처럼 조사한다

취재가 전부가 아니다. 취재와 조사의 교차점에서 아이작슨의 글이 나온다. 전기 작업에는 두 가지 유형의 글쓰기가 있다. 정보를 잘 파헤치는 기자 유형이 있고, 기록물 보관소를 뒤져 문서를 찾는 데 능숙한 학자 유형이 있다. 두 유형에 걸쳐 있는 사람은 드물다. 아이작슨은 말한다. "나는 몇몇 사람들만큼 좋은 학자가 아닐 수 있고 몇몇 사람들만큼 좋은 기자가 아닐 수 있지만, 두 가지를 모두 할 수 있었다." 그가 살아 있는 사람과 죽은 사람을 가리지 않고 전기를 잘 쓸 수 있었던 이유다. 다빈치 전기를 쓸 때 아이작슨은 그가 남긴 7200페이지에 달하는 노트의 원본을 한 장 한 장 살폈다. 키신저와 프랭클린 전기를 쓸 때도 수많은 노트와 메모, 정부 기록물을 뒤졌다.

말하지 않고 보여 준다

아이작슨은 취재와 조사로 글의 뼈대를 만들고, 관찰로 살을 채워 넣는다. 그의 글은 중립적이다. 뚜렷한 방향성이 없다. 인물의 일상을 관찰하고, 관찰한 대로 기술한다. 설교하지 않고 이야기를 '보여' 준다. 노벨 화학상 수상자이자 유전자 편집 기술의 선구자인 제니퍼 다우드나의 전기를 쓸 때는 다우드나의 연구실에서 그가 하는 일을 옆에 붙어 가만히 지켜봤다. 머스크와도 2년간 매달 한 번씩 함께 시간을 보냈다. 스페이스X 공장에서, 테슬라 공장에서, 회의실에서 그를 따라다니며 그가 하는 말과 행동을 관찰했다. 여기서 생생한 스토리텔링이 나온다. 트위터를 인수한 이유를 분석하고 평가하는 게 아니라 인수 전날 밤에 어떤 일이 있었는지 보여 주는 것. 이게 아이작슨의 방식이다. 판단은 독자가 내린다.

2023년 4월 미국 텍사스주 보카치카의 스페이스X 발사 시설에 함께 있는
월터 아이작슨과 일론 머스크. 사진: Simon & Schuster

오후 7시부터 오전 1시까지 쓴다

키신저 전기를 쓸 때 아이작슨은 《타임》 기자였다. 프랭클린
전기를 쓸 때는 CNN 대표였다. 아인슈타인, 잡스, 다빈치
전기는 아스펜연구소 회장 재임 시절에 나왔다. 다우드나,
머스크 전기는 툴레인대학교 역사학과 교수로 재직하며 썼다.
그의 책은 사이드 프로젝트의 결과물이다. 부업으로 열 권의
책을 썼고, 게다가 평단과 대중이 호평하는 책을 썼고, 심지어
1000페이지에 가까운 벽돌 책을 썼다. 놀라운 저작 활동은
평범한 저녁 시간에 이뤄졌다. 아이작슨은 TV를 보지 않는다.
"TV를 포기하면 오후 7시부터 오전 1시 사이에 글쓰기를 할

수 있는 시간이 얼마나 많은지 놀라울 정도"라고 말한다. 또 언제 어디서나 메모한다. 71세의 나이에도 공항에서 비행기가 연착되면 핸드폰을 꺼내 글을 쓴다.

IT MATTERS

아이작슨의 글쓰기 원칙을 정리하면 이렇다. 좋은 주제를 선정하고, 가능한 한 많은 사람을 취재하고, 학자처럼 꼼꼼하게 조사하고, 주의 깊게 관찰하고, 이야기하듯 들려주고, 솔직한 문장을 꾸준히 쓰는 것. 이 원칙만 지켜도 좋은 글이 된다. 그러나 훌륭한 글을 원한다면 기술적 방법 외에 한 가지가 더 필요하다. 글을 쓰게 하는 마음, 즉 호기심이다. 아이작슨은 천재들의 삶이 우리 모두의 삶과 얼마나 똑같았는지를 알고 싶어 한다. 이 호기심이 그의 글을 특별하게 만든다. 아인슈타인이 전 세계를 뒤흔들 위대한 과학 이론에 몰두하는 동안, 그는 초과 근무와 박봉을 불평했고 이혼과 자녀 문제로 골머리를 앓았다. 아이작슨은 천재를 별종이 아니라 우리처럼 결점 있는 한 인간으로 그린다. 많은 사람이 그의 다음 책을 벌써 기다리는 이유다.

해설: 잘파 세대의 독수리 타법

교육 현장에서 PC 활용 능력이 도마 위에 올랐다. 고령의
교사 얘기가 아니다. 학생들이 기본적인 PC 활용법을 몰라서
혼란이 벌어지고 있다는 것이다. 대학생들이 이메일을
보낼 줄 모르고 PPT를 만들 줄 몰라 애를 먹는다. 실물
키보드 사용에도 익숙지 않아 타자 연습 과외까지 등장했다.
신아람이 썼다.

새로운 세대가 보여 주는 의외의 모습은 좋은 이야깃거리가
된다. '디지털 네이티브'인 잘파 세대가 이메일을 보낼 줄
모르고 독수리 타법을 시전한다니 언론의 주목을 받기에
딱 좋은 소재다. 그러나 우리가 고민해야 할 지점은 잘파
세대가 왜 PC와 멀어졌는지다. 직관적인 UI를 가진, 끊임없이
도파민을 부르는 콘텐츠를 쏟아내는 스마트폰과 태블릿PC가
이들에게 훨씬 익숙하기 때문이다. Z세대의 직장 생활을 농담
소재로 삼기에만 골몰해 봤자 오해와 갈등만 깊어질 뿐이다.
이 상황은, 해결해야 할 문제다.

사진: Kaitlyn Baker

타이핑 못 하는 디지털 네이티브

최근 유튜브 채널 '디글'의 콘텐츠, '동네 스타 K3'의 한 영상이 입소문을 탔다. 방송인 조나단과 가수 최예나의 한컴 타자 대결 때문이다. 적나라한 독수리 타법을 선보인 끝에 나온 기록은 조나단 128타, 최예나 214타였다. 특이한 케이스가 아니다. 학생들이 기본적인 컴퓨터 사용에 익숙지 않다는 이야기는 현장에서 이미 새롭지 않은 이야기다. 일각에서는 초등학교와 중학교의 정보 교육 과정에서 코딩 교육을 중심으로 한 SW 교육이 강화되면서 PC 기본 교육이 빠졌기 때문이라는 분석이 나온다. 하지만 교육 과정의 변화만으로는 설명하기 어렵다.

잘파 세대에게는 낯선 기계

현재 대한민국 인구의 25퍼센트 정도를 차지하는 연령대는 1996년 이후에 태어난, 소위 '잘파 세대'다. Z세대와 알파 세대의 합성어다. 이 중 2010년 이후 태어난 알파 세대는 2025년, 전 세계 인구의 25퍼센트를 차지하면서 베이비붐 세대를 뛰어넘는 역사상 가장 큰 규모의 세대로 부상할 전망이다. 이들을 흔히 '디지털 네이티브'라고 부른다.
학교에서 가르쳐 주지 않아도 태블릿PC와 스마트폰으로
무엇이든 할 수 있는 세대다. 마인크래프트와 로블록스,
제페토 등도 알아서 잘 사용한다. 이들에게 익숙한 것은
스크린 기기다. 직관적인 UI가 특징이다. 이들에게 익숙하지
않은 것은 키보드와 프린터다. 인간의 본능을 거스르는
복잡한 기계다.

TECH SHAME

그래서 등장한 용어가 '기술적 수치심(tech shame)'이다.
이미 경제 활동에 뛰어든 Z세대는 직장에서 각종 디지털
기기와 프로그램을 잘 다룰 것이라는 기대를 받는다. 그러나
실상은 다르다. 기대치는 높은데 간단한 이메일 업무부터
헤맨다. 프린터, 스캐너, 복사기는 물론이고 팩스와 유선
전화까지. 다뤄본 적 없는 이 기계들 앞에서 직장 생활을
시작한 Z세대가 기술적 수치심을 느끼게 된다는 것이다.
2022년 말 HP의 설문 조사 결과는 기술적 수치심이 세대의
문제라는 점을 명확히 한다. 기술적인 문제로 자신이
비난받고 있다고 느끼는 비율이 젊은 직원의 경우 20퍼센트에

달했지만, 40세 이상의 직원의 경우에는 4퍼센트에 그쳤다.

스크린과 뇌의 상관관계

배우면 된다. 사무실에서 꼭 필요한 기술이고, 생각보다
어렵지도 않다. 프린터의 토너 교체 방법이나 계정을
만들어 업무용 이메일을 보내는 방법은 빠르고 간단하게
따라잡을 수 있다. 진짜 문제는 잘파 세대가 스마트폰에
너무 익숙해져 있다는 사실 자체. 스크린 기기에 노출되면
될수록 우리 뇌는 영향을 받는다. 미국 신시내티 아동 병원
의료센터(CCHMC)의 연구 결과다. 스마트폰, 태블릿PC나
TV 화면을 오랜 시간 본 아이들은 뇌 백질(white matter)의
발달이 저하된다는 것이다. 읽기와 쓰기 등의 언어 능력은
물론이고 정신 조절, 자기 조절 기능 등과 연관되어 있는
부분이다.

틱톡이 재미있는 이유

그렇다면 스크린 타임을 줄이면 된다. 그런데 쉽지 않다.
2022년 우리나라 '스마트폰 과의존 위험군'은 23.6퍼센트에

달했다. 네 명 중 한 명꼴이다. 이 중 약 40퍼센트가
청소년이다. 유별난 사람들의 문제가 아니라 보편적인
현상이라는 얘기다. 우리 뇌는 단기적 보상을 좋아한다.
원시 시대부터 인간의 생존을 가능케 했던 본능이다. 그런데
아이부터 어른까지 모두 '자신만의 스크린'을 손에 넣게
되면서 끊임없이 뇌에 보상을 줄 수 있게 되었다. '도파민
기계'라는 악명까지 붙은 숏폼 콘텐츠는, 이러한 보상 본능을
가장 지독하게 자극하는 발명품이다.

문해력의 진짜 의미

결과는 데이터로 증명된다. 읽는 능력이 떨어지고 있는
것이다. '심심한 사과'와 같은, 세대에 따라 사용 빈도가
다른 단어의 이해도를 묻는 '어휘 실력' 얘기가 아니다.
문장이나 짧은 단락의 의미를 이해하고 필요한 정보를 찾을
수 있는가의 문제다. 스마트폰에서는 다를까. 그렇지 않다.
2018년 기준이지만, OECD 보고서에 따르면 한국 학생들은
디지털 정보의 사실과 의견 여부를 제대로 식별하지 못한다.
OECD 평균 식별률 47.4퍼센트의 절반 정도에 그치는
25.6퍼센트가 우리 학생들의 성적표였다. IT 강국의 그림자다.

사진: 문예출판사

다시 도래한 구술 문화 시대

물론 달라진 시대는 달라진 질문을 품고 있다. 우리는 여전히
단어나 문장이 아닌 '문단'을 읽어야 하는가. 다음 세대에게도
긴 호흡의 글을 읽으며 숙고할 이유가 있을까. 스마트폰이
아니라 키보드를 두드리며 한 시간이고, 두 시간이고 긴 글을
써 내려가야 할 이유가 있을까. 소리와 영상이라는 새로운
문법에 익숙한 잘파 세대에게 글이란 이제 거추장스러운
것일지도 모른다. 참고서보다 '인강'이 더 효율적인
세대라는 점만 봐도 그렇다. 그러나 월터 J.옹의 《구술문화와
문자문화》는 아직도 우리에게 문자 문화가 필요하다고
이야기한다. 구술 문화에서의 사고와 말하기의 특징이

"장황한 말투"인 것과 비교해, "논리 정연한, 즉 분석적인 사고와 말하기는 인공적인 제품이며 쓰기 기술로 조립된 것"이라고 말이다. 사실 그렇다. 복잡한 인과 관계와 촘촘한 논리는 시간을 들여 써야 만들 수 있고, 시간을 들여 읽어야 그 맥락을 파악할 수 있다.

IT MATTERS

잘파 세대의 타이핑 속도가 느리다고 큰일은 아니다. 필요할 때 배우면 될 일이다. 그러나 언어 능력이나 자기 조절 능력이 떨어진다면 큰일이다. 잘파 세대가 글보다 영상에 더 익숙하다면 그것대로의 장점이 있을 것이다. 그러나 인과와 논리, 더 나아가 맥락으로 세계를 이해하는 능력을 잃어버린다면 우리의 미래를 걱정할 수밖에 없다. 독해 능력은 글을 읽어 문제를 푸는 능력이 아니다. 세계를 읽어내는 능력이다. 각국이 문해력을 챙기는 까닭도 여기에 있다. 공교육 과정에서 읽기 및 작문 수업을 늘리거나 태블릿 등의 디지털 교육 노선을 포기하고 종이로 선회하기도 한다. 우리는 지금 킬러 문항 너머, 진짜 교육의 화두가 되어야 할 것을 놓치고 있는 것은 아닐까.

해설: 작지 않은 한국의 타이니 데스크 콘서트

미국 공영 방송 NPR의 음악 프로그램 '타이니 데스크(tiny desk)'가 한국에 들어왔다. 김창완 밴드, 선우정아, 뷔 등 뮤지션들은 도서관 한쪽에 자리 잡고 15분간 노래한다. 날것의 모습을 그대로 담은 영상은 유튜브에 올라온다. 영상의 음질과 퀄리티는 '귀 호강' 급이다. 상징성 있는 프로그램을 한국에 들여와 재해석하고 있다는 점에서 환영하는 댓글이 많은 반면, 타이니 데스크 코리아의 콘텐츠는 타이니 데스크가 아니라는 평가도 나온다. 백승민이 썼다.

WHY NOW

꽉 들어찬 책장과 복잡한 책상 사이에 끼어 노래하는
뮤지션의 모습, 음악팬이라면 한 번쯤 봤을 법한 타이니
데스크 콘서트 화면이다. 세계에서 처음으로 이 IP를 가져온
것은 한국의 LG유플러스다. 타이니 데스크 코리아는 공연이
이뤄지는 LG유플러스 사옥 1층 도서관이 아시아 음악계의
새로운 거점이 되길 바란다. 음악 시장이 양극화된 지금,
NPR도 LG유플러스도 변방에서 의미를 찾아보려는 시도일
수 있다. 최초의 시도를 의미 있게 만들기 위해 무엇이
필요할까. 사람들이 왜 타이니 데스크 콘서트에 열광했는지
알아보며 분석한다.

김창완 밴드가 출연한 '타이니 데스크 코리아' 공연 촬영 현장.
사진: LG유플러스

작은 책상

작은 책상은 타이니 데스크라는 프로그램의 이름이자
정체성이다. 2008년 4월, 미국 워싱턴 DC에 있는 NPR
본사에서 프로듀서 밥 보일런의 책상에 싱어송라이터 로라
깁슨이 기타를 하나 들고 앉은 것이 콘서트의 시작이었다.
로라 깁슨의 콘서트가 있고 두 달 후인 6월, 빅 체스넛의 두
번째 콘서트가 열렸다. 한 달에 한두 번 열리던 콘서트는 몇
년 지나지 않아 한 주에 두세 번 열리는 콘서트로 진화했다.
사무실의 좁은 공간에서 열리던 콘서트는 코로나19 당시에는
뮤지션들의 집으로 옮겨가 비대면으로 이뤄졌고, 지금은 다시
오피스 책상 뒷공간에서 '이상하게(awkward)' 열리고 있다.

화려한 스타가 아닌, 나와 호흡하는 뮤지션

무대도, 조명도, 음향 장치도 없다. 타이니 데스크는 그래서
특별한 콘서트가 됐다. 프로듀서 밥 보일런은 로라 깁슨의 첫
공연 후 "친밀감을 이해하게 됐다"고 말했다. 이 콘서트에는
화려한 효과는 없지만 스튜디오 녹음에서 사라지는 미묘함이
그대로 살아 있다. 일시 중지, 갑자기 나오는 딸꾹질의 어색한

순간, 머그잔과 키보드가 흩어져 있는 책상에서 뮤지션은 노래하고 자기 이야기를 꺼낸다. 사람들은 진정성을 보았고 위로를 느꼈다. 오토튠을 이용해 목소리를 변조하던 뮤지션 티페인(T-Pain)도 타이니 데스크에서만큼은 자신의 진짜 목소리로써 사람들을 사로잡았다. 기술을 제한해 예술을 만든 순간이었다.

타이니 데스크가 열리는 미국 NPR 본사. 사진: Ted Eytan

공영 방송 NPR의 캐스팅

NPR은 미국의 몇 안 되는 공영 방송이다. 민영 방송의 힘이 센 미국에서 타이니 데스크는 공영 방송인 NPR의 대표 콘텐츠이자 독자적인 수익 모델을 만드는 빛과 같은 프로그램이다. 공영 방송이기에 가질 수 있는 성격도 있다.

출연진이 다양한 것이다. 밥 보일런은 국내 매체와의 인터뷰에서 "섭외 시 지명도나 비용 같은 건 이야기하지 않는다. 함께 일하는 사람들이 믿고 좋아하는 뮤지션이 타이니 데스크의 주인공이 된다"고 말했다. 실제로 타이니 데스크에는 요요마와 랑랑 등 클래식 뮤지션부터 존 레전드, 아델 등 팝스타, 잘 알려지지 않은 얼터너티브 록 밴드와 힙합 뮤지션 등이 다양하게 출연한다. 한국의 전통 음악 밴드인 씽씽과 잠비나이도 한국에서 인지도가 높지 않을 당시 타이니 데스크에 출연해 이름을 알렸다. NPR은 '들어본 적 없지만 항상 필요로 했던' 소리를 사람들에게 들려주었다.

한국의 작은 책상

한국에서도 타이니 데스크가 열린다. 그런데 타이니 데스크 코리아는 작은 책상과 기타 하나로 시작하지 않았다. LG유플러스가 사업 다각화 일환으로 꾸린 콘텐츠 제작사 스튜디오X+U가 NPR과 IP 사업권을 계약하고 사옥 도서관을 꾸며 콘서트장을 만들었다. 책장과 책상으로 꾸려진 세트장 한편에서, 가장 처음으로 김창완 밴드가 노래했다. '아리랑'과 '너의 의미'를 연주하고, "작은 것 안에서 아름다움을 찾는"

밴드의 모습은 진정성 있고 아름다웠다. 음악의 퀄리티도 훌륭했다. 그러나 NPR의 타이니 콘서트와는 확실히 달랐다.

작지만 작지 않은(tiny but not so tiny)

일터에 불쑥 찾아와 어색하면서도 자유롭게 노래하는 것이 오리지널 타이니 데스크의 매력이라면, 코리아 버전은 세트장에서 연주가 이뤄진다. '타이니'하지 않은 공간에 타이니를 욱여넣은 인상이다. 인이어도, 공연장용 스피커도 없고 무대용 마이크 대신 더빙에 사용하는 지향성 마이크를 사용하는 등 사운드 구현에 있어서는 오리지널을 따랐지만, 형식적 유사성을 넘은 '한 끗'은 보이지 않았다. 현장에서 피어난 콘텐츠가 아니라 그것의 형식을 수입한 IP 콘텐츠이니 어찌 보면 당연한 결과다. 하지만 오리지널 팬들은 고개를 갸웃하게 된다. 김도헌 음악 평론가는 자신의 SNS에 "왜 타이니 데스크여야 하는지에 대한 근거를 충분히 제공하지 않아 아쉬움이 있다"고 적었다.

왜 타이니 데스크여야 하는가

코리아 팀은 라이선스를 확보하기 위해 "철학과 제작 방식을
온전히 유지하겠다"고 NPR을 설득했다. 그러나 아직까지는
딩고 라이브, 네이버 온스테이지 등 다른 유튜브 라이브
콘텐츠와 큰 차별점이 보이지 않는다. 김도헌 평론가는
앞선 SNS 게시물에, '현장감을 위해서라면 세트장 대신
기자실 라이브를 참고하고, 차별점을 찾으려면 개성 있는
편곡을 덧붙이고, 한국 음악을 알리려면 원 채널과의 공조가
필요하다'고 덧붙였다. 타이니 데스크를 이식해 온 목적을
명확히 하자는 뜻으로 읽힌다. 코리아 콘텐츠의 리스크이자
가능성은 섭외다. 코리아 팀은 아시아 음악의 거점이 되기
위해 다양한 장르와 국적의 뮤지션을 섭외하겠다고 밝혔다.
음악의 지평을 넓히는 것이 목적이라면 다양한 뮤지션과
함께함으로써 목표 달성이 가능하다. 그런데 타이니 데스크는
LG유플러스가 좋은 콘텐츠를 만들기 위해 공익적 목적으로
만드는 것이 아닌, 사업 다각화를 위해 전략적으로 선택한
콘텐츠다. 조회 수를 택하는 순간 개성은 더욱 지워질 우려가
있다.

산업 안에서 찾는 진정성

음악은 산업이다. 인디 레이블 붕가붕가 레코드의 슬로건처럼 음악은 '지속 가능한 딴따라질'이어야 한다. 뮤지션을 넘어 음악을 두고 사업하는 모두에게 해당하는 말이다. 그리고 사업적인 선택이기에 더욱 본질에 주목해야 한다. LG유플러스 측은 타이니 데스크가 "팬층이 있는 검증된 IP"라는 지점이 중요했다고 말한다. 그렇다면 검증된 IP의 핵심을 더 면밀히 분석할 필요가 있다. 타이니 데스크는 우리가 어떤 음악에서 행복을 느끼는지를 보여 줬다. 화려한 조명 아래가 아닌 일상의 공간 속에서, 사람들과 눈 마주치며 때로는 어색해하거나 틀리고 땀 흘리는 뮤지션의 모습, 귀를 깨우는 새로운 음악, 그 음악을 함께 즐기는 사람들의 존재는 듣는 사람의 마음속에 남아 행복의 기억을 만들었다. 이것이 타이니 콘서트 코리아가 우리에게 재현해 줘야 할 의미 있는 경험이다.

IT MATTERS

음악 시장이 양극화되면서 뮤지션과 눈을 맞추고 호흡할 수 있는 공간은 사라진다. 한국콘텐츠진흥원이 발표한 《2023년 음악 산업 백서》에 따르면, 오프라인 콘서트 수요는 이전에 비해 전반적으로 늘어났으나 그 비율은 해가 갈수록 대중음악 콘서트에 집중된다. 반면 라이브 클럽 등 인디 공연의 비중은 16.2퍼센트에서 13.3퍼센트로 2년 전에 비해 줄어들었다. 코로나19 여파로 많은 공연장이 문을 닫았고, 공연 관련 가치 사슬도 타격을 입은 탓이다. 이로 인해 오프라인 콘서트의 가격도 상승했다. 저렴한 가격으로 일상에서 음악을 즐길 수 있는 공연장과 복합 문화 공간은 서울 홍대권에는 남아 있을지 몰라도, 지방에는 거의 없다시피 하다.

우리나라에서 음악의 공간은 K팝에겐 넓지만, 다른 나머지에겐 여전히 너무나 좁다. 음악 콘텐츠는 대다수의 아이돌 무대에 쏠려 있고 영미권의 BBC 뮤직, KEXP, 피치포크 등 라이브 무대를 제공하는 다양한 채널이 없다. 일상에서 음악을 즐길 수 있는 공간은 나의 헤드폰 속이 유일하다.

타이니 데스크 코리아는 이렇게 쏠려 있는 음악 시장에 하나의 선택지를 더해 준다는 것만으로도 의미가 있다. 하지만 어렵게 가져온 특별한 IP가 빛나기 위해서는 그 이상의 경험이 콘텐츠에 더해져야 한다. 우리가 일상의 순간에서 음악으로부터 받는 위로, 그 폭을 확장하는 경험이다. 음악 소리를 넘어, 뮤지션의 숨소리까지 영상에 담겨야만 콘텐츠 내적으로도, 사업적으로도 의미 있는 결과가 도출될 것이다. 타이니 데스크에 대한 LG유플러스의 접근은 비즈니스였는가, 진정성이었는가. 질문에 대한 답은 콘텐츠가 보여 줄 것이다.

해설: 괴산 가마솥이 만들어진 이유

충청북도와 괴산군이 성금과 예산 5억 3000만 원이 투입된 괴산 가마솥의 활용 방법을 두고 고심 중이다. 지난 8월 괴산군은 '괴산 가마솥 활용 아이디어 공모'를 추진했다. '김장 축제와 연계', '경관 조명 설치'가 우수상에 뽑혔고 '가마솥 테마 포차 거리 조성', '실패 박물관 건립' 등의 일곱 건은 장려상에 선정됐다. 최우수상은 없었다. 혁신적이고 뾰족한 수가 없었기 때문이다. 김혜림이 썼다.

반주현 괴산군 부군수는 가마솥을 "그대로 둔 상태에서 신규
공무원 등이 실패, 교훈 사례로 관람하는 등의 방안을 검토
중"이라 밝혔다. 애물단지 가마솥이 소중한 교훈이 되기
위해서는 그대로 두는 것 이상이 필요하다. 괴산 가마솥
안에는 우리나라 지방 자치의 문제, 민주적 의사 결정 과정의
공백이 담겨 있다. 가마솥 안을 들여다봐야 할 때다.

괴산 가마솥

2004년 초, 괴산군에 가마솥 제작 추진 위원회가 생긴다. 지름
5미터, 둘레 17미터, 무게 43.5톤에 이르는 거대한 가마솥을
만들어 군민 3만 8000명이 '한솥밥'을 먹을 수 있게끔 하는
것이 목표였다. 안타깝게도 꿈은 이뤄지지 못했다. 가마솥이
너무 크고 두꺼워 열이 제대로 전도되지 않았던 탓이다.
뚜껑을 드는 데 크레인이 필요한 괴산 가마솥은 전시 행정,
예산 낭비의 아이콘으로 자리 잡았다. 김영환 충북지사는
초대형 가마솥을 그 자리에 영구 보존해야 한다고 주장하며
"낡은 사고와 성과주의"라는 말로 가마솥을 수식했다.

2003년의 괴산

기상천외한 아이디어지만 나름의 이유가 있었다. 가마솥을
만들어야 한다는 이야기가 처음 나온 건 2003년 11월이다.
당시 괴산 내 증평으로 분류된 지역이 군으로 승격하면서
괴산군은 인구 4만 명의 작은 도시가 됐다. 행정 구역이
분리되면서 괴산군은 인구 및 면적이 줄어들며 예산 역시
감소했다. 타개책이 필요했다. 경제적 타개책은 관광이었다.
김문배 당시 군수는 "호기심이 많은 우리 민족은 가마솥을
보고 갈 것"이며 "이 가마솥이 괴산군을 먹여 살릴 수 있을
것"이라 말했다. 세계에서 가장 큰 가마솥으로 기네스북에
오른다면 세계에서 주목받는 도시가 될 수도 있으리라
단언하기도 했다. 군민을 하나로 모을 계기 역시 필요했다.
12개의 화로에는 괴산군 내 읍, 면의 이름이 적혔다.

예산과 방향성

가마솥을 만드는 데 든 돈은 총 5억 원으로, 군 예산 2억
7000만 원에 군민 성금 2억 3000만 원이 지출됐다. 당초
배정된 예산보다 1억 4000만 원이 추가로 소요됐다. 지름이

5미터에서 5.7미터로 늘었고, 용 문양 등이 추가되면서 사업비가 늘었다. 2004년 거푸집이 터지는 등 사업에 차질이 생겼음에도 불구하고 괴산군은 가마솥 제작을 밀어붙일 수밖에 없었다. 박중호 당시 기획경제실장은 "가마솥은 많은 분들에게 공약한 상황이고 군민들로부터 성금과 고철도 모았으며 군비까지 투자했기 때문에 이 사업은 어려움이 있어도 제작을 완료해야 한다"고 말한다. 방향성은 희미해졌는데 멈출 수가 없었다. 돈이 들어갔으니 어쩔 수 없다. 2007년부터 사용되지 않은 가마솥은 매년 1000만 원의 유지 비용을 발생시켰다. 반면 경제적 효과는 미미했다.

괴산군 군민 가마솥. 사진: 괴산군청

지역이 필요로 하지 않는 공약

가마솥의 방향성은 희미해질 수밖에 없었다. 가마솥은 지역의
현안에 맞는 사업도, 면밀한 검토를 거친 사업도 아니었다.
이길준 당시 군의원은 솥을 만들 수 있느냐에 대한 사항을
면밀히 검토하지 않고 사업에 착수해 주민이 "집행부에 대한
믿음을 못 갖는 상태까지 왔다"고 지적했다. 안재인 당시
군의원 역시 가마솥 제작을 포함한 15대 핵심 사업이 지역
발전에 기초를 확실히 닦을 사업인지가 의심된다는 지적과
함께 괴산의 농업군에 걸맞고 농촌을 개혁하는 사업이 없다는
지점을 지적했다. 지역의 현안과 멀어진 사업을 억지로
추진하고, 그에 예산을 쏟는 것에 대한 비판이다. 예산을 많이
썼다고 애물단지가 되는 건 아니다. 지역, 주민이 필요로 하지
않는 공약일 때 사람들은 가마솥을 금방 잊는다.

중앙 정치 따라 하는 지역 정치

지역의 현안과 멀어진 구조물들이 계속해 생기는 이유는
뭘까? 지역의 정치는 지역민의 일상 생활과 밀접히
연관된 현안을 다뤄야 한다. 때문에 지역 공동체의

구성원이라면 누구나 관심을 갖고 문제 해결에 나서도록
하는 것이 지역 정치의 핵심이다. 중앙 정치의 지향은 조금
다르다. 중앙 정치는 국가의 주요 정책의 우선 순위를
설정하고, 사회가 지향할 가치를 다룬다. 지역 정치와
중앙 정치의 지향점이 다른데도 불구하고 지역 정치는
중앙 정치의 구도를 답습한다. 지난 2022년 치러진 지방
선거에서도 마찬가지였다. 지방 선거가 대선의 연장전으로
프레임화되면서 민생 공약과 지역의 현안은 뒤로 밀리고,
여야의 비리 의혹으로 지방 선거의 의제가 형성됐다. 일당
독주 체제가 없는 지역의 경우 랜드마크, 미래 먹거리라는
추상적인 말로 포장된 포퓰리즘 정책들이 쏟아져 나왔다.
지방 선거를 앞두고 쏟아진 공항 정책이 그 사례다. 지역이
당면한 현안과는 거리가 멀다.

저녁 시간

지방 자치 제도는 주민과 자치 단체가 지역 공동체의 공동
과제를 해결하는 형태의 제도다. 하나의 주체라도 빠지면
자치는 제대로 실현되기 어렵다. 소설가 오스카 와일드는
이렇게 말했다. "사회주의의 문제는 그것이 너무도 많은 저녁

시간을 앗아간다는 것이다." 한국의 지방 자치도 마찬가지다. 2003년의 괴산 주민들은 성공적인 가마솥을 위해 성금을 내고, 집 안의 쇠붙이를 기부했지만 실제로 그 가마솥이 어떤 긍정적 효과를 불러올지는 알지 못했다. 예산이 어떻게 산정됐는지, 지역이 당면한 문제 해결에 필수적인지를 판단하는 주체는 주민이 아닌 단체장이었기 때문이다. 2023년의 지방 자치는 오스카 와일드의 현실적인 진단을 넘어서야 한다. 지방 자치를 위해서는 주민들이 더 많은 저녁 시간을, 지속적인 관심을 쏟아야 한다. 결국 가마솥을 만든 건 주민이기 때문이다.

지역 언론

지역 언론은 그 저녁 시간의 든든한 동반자가 될 수 있다. 지방 선거가 다가오면 지역 신문은 선거 입후보 예정자와 후보자를 소개한다. 주민이 후보 선택에 들일 수고와 시간을 줄여 준다. 지역의 문화와 이야기를 풍부하게 만드는 것도 지역 언론의 역할이다. 때로는 언론이 실질적인 변화를 이끌어 내기도 한다. 대구·경북 지역의 독립 언론 〈뉴스민〉은 영천시에 위치한 자동차 부품 회사의 노조 이야기를 담아 10년 동안 바뀌지 않은 태극기를 갈았다. 사소한 변화지만 그것이 몰고 올 영향력은 크다. 중앙 언론은 영천시에 위치한 회사의 노조 이야기를 주목할 수 없지만 지역 언론은 가능하다. 지역의 정치도, 지역의 언론도 중앙이 할 수 없는 영역에서 움직여야 한다.

뉴스민 홈페이지. 사진: 뉴스민

IT MATTERS

지방 선거 투표지는 어렵다. 뽑아야 할 사람은 많은데, 뽑을 사람이 없다. 2022년 지방 선거에서는 무투표 당선자가 500명에 육박했다. 전체의 12퍼센트에 해당한다. 중앙 정치의 구조를 답습하는 지방 자치, 주민과 지역 정치의 괴리는 지역

소멸을 겪는 한국에게는 더욱 치명적이다. 미국의 정치학자 제임스 윌슨은 주민이 직접적인 편익과 비용을 감지할 수 없다면, 주민은 자치 활동에 참여하려는 동기가 생기지 않는다고 지적했다. 그간 한국의 지역민들은 지방 자치로 인한 효용감, 편익을 감지한 적이 없었다. 가마솥처럼 비용이 눈에 보이는 문제가 다뤄질 때 잠깐 이목을 끌 뿐이다. 주민의 저녁 시간이, 지역 언론이, 지방 행정의 체질 개선이 둔감해진 주민의 정치 감각을 다시 벼릴 수 있을 것이다.

지역 정치의 한계를 보완하기 위한 다양한 방안이 실험 중이다. 미국의 싱크탱크 베르그루엔 연구소는 개방형 소프트웨어 '오픈 인사이트'를 만들고 있다. 주민의 참여가 절실한 중규모 지방 정부에서 사용할 수 있는 플랫폼으로, 정치인과 유권자는 지역에게 필요한 의제를 쉽게 구조화할 수 있다. 주민은 플랫폼을 통해 조례의 입법 과정을 알 수 있고, 통과된 법안이 어떠한 현안과 관련돼 있는지 쉽게 확인할 수 있다. 지역 정치의 구조가 풀뿌리 의제라는 본질로 돌아갈 때, 괴산의 가마솥은 비로소 녹슨 실패의 모범 사례로 남을 것이다.

인터뷰

삶의 지표를 알려 주는 콘텐츠는 많다. 그러나 나의 취향,
내 삶의 목적지를 정확히 가리키는 지침은 없다. 우리에게
롤모델이 아닌 레퍼런스가 필요한 이유다.
자신의 분야에서 문제를 해결하고 새로운 방법을 모색하는
사람들이 있다. 그들의 방법론은 거창하지 않아 실용적이고,
당장 나의 일과 삶을 개선할 수 있는 단초가 된다.
그런 사람들의 이야기를 담았다. 2023년 11월에 《스레드》는
'도큐먼트'의 이종수 디렉터를 만났다. 철학이 옷에 담기고,
브랜딩이 되는 이유를 들었다.

인터뷰: 옷에도 철학이 필요한 이유

우리는 왜 옷을 입을까? 도큐먼트는 이 질문을 약간 뒤튼다.
우리는 왜 '그 옷'을 입을까? 옷장 앞에서의 긴 고민 끝에 한
벌의 옷을 집는 손, 수많은 가게 중 특별한 한 곳의 문을 여는
고객의 마음은 본질적으로 같은 곳을 향한다. 우리는 나
자신을 가장 잘 표현할 수 있는 옷, 나를 가장 특별하게 만들
브랜드를 선택한다. 도큐먼트는 이 선택을 일상이 특별하게
변해 가는 과정이라고 정의한다. 옷을 입는 반복이라는
행위는 도큐먼트의 철학을 통해 차이로 다시 태어난다.
도큐먼트는 말한다. 도큐먼트는 단순히 옷을 만들어 파는
곳이 아니라고. 그들은 왜 옷에도 철학을 담은 걸까? 김혜림이
도큐먼트 이종수 디렉터를 인터뷰했다.

옷에도 의미가 있어야 하나?

의미가 있어야, 가치를 전달할 수 있다. 그래야만 구매하고 싶은 제품이 된다. 의미가 없는 상태에서는 1000원짜리 물건과 1만 원짜리 물건 중, 더 좋은 것을 구별하기 어렵다. 가격이 싼 것이 그저 더 좋은 물건이 될 수 있기도 하다. 그런데 의미의 힘은 강하다. 사람들은 물건이 가질 의미에 기꺼이 9000원을 낸다. 우리는 매일 옷을 입는다. 옷을 입는 행위는 사소한 반복이지만, 그 안에 담긴 의미는 일상을 특별하게 만든다. 그 특별함을 전달하는 것, 도큐먼트에 철학이 있는 이유다.

반복과 차이가 브랜드의 철학이다. 어쩌다 발견한 철학인가?

브랜드를 본격적으로 시작하기 전에 철학 서적들을 탐구했다. 그 과정에서 프랑스의 철학자 질 들뢰즈가 쓴 《차이와 반복》이라는 책을 접했다. 단어 자체가 강렬하더라. 한눈에 끌렸다고 해야 하나. 이후 브랜드를 만들겠다고 결정했을 때 수많은 키워드를 포스트잇에 적어 두고 벽 하나를 꼬박

채웠었다. 그 앞에서 내가 오랫동안 지속할 수 있는 철학이
무엇일지 고민했는데, 그때 차이와 반복이라는 단어가
떠올랐다.

도큐먼트 플래그십 스토어. 사진: 김혜림

지속이 브랜드의 철학을 정하는 데 있어 중요한 원칙
이었나?

우연히 옷장을 열었는데, 네이비 색상의 옷이 가득하더라.
그때 질문했다. '내 스타일은 계속 변해 왔는데, 왜 네이비
색상 옷은 변하지 않고 자리를 지킬까?' 패션업계는 지속해서
변화하는 산업군이다. 매 시즌 트렌드가 있으니 말이다. 그런

트렌드에 휘둘리지 않는 꾸준한 브랜드를 만들고 싶었다. 그래서 옷장을 봤을 때 '이거다!'라는 생각이 문득 들었다. 내가 계속해 스타일을 바꾸고, 10년이라는 시간이 지나도 이 옷들은 계속 옷장에 있을 것 같더라. 도큐먼트는 그런 옷을 만들고 싶었다. 10년이 지나도 옷장에 있는 옷 말이다. 누구도 자신이 매일 입는 옷을 주목하지 않는다. 매일 반복하는 일은 사소해 보이기 때문이다. 도큐먼트는 그런 반복이라는 사소함을 특별하게 인식하는 것에서 출발한 브랜드다.

반복 속에서 특별함을 발견한다는 것, 이를 도큐먼트의 철학이라 다시 써 볼 수도 있겠다. 도큐먼트의 팬들은 그러한 철학을 느끼나?

지난주에는 외국 분이 오셔서 자신이 철학을 공부하는데 논문 주제가 《차이와 반복》이었다고 하시더라. 물론 들뢰즈의 철학에 대해 깊이 있게 대화를 나누지는 못했지만, 키워드만으로도 서로 공감하고 공유하는 바가 생겨서 좋았다. 브랜드가 제시하는 철학이 좋아 그 브랜드를 인식하고, 기억하는 사람도 많으리라 생각한다.

도큐먼트 플래그십 스토어. 사진: 도큐먼트

반복과 차이는 옷에서 어떻게 드러나나?

네이비를 메인 컬러로 설정해 진행한다. 시즌마다 새로운
컬러를 내서 차이를 주곤 한다. 같은 스타일이더라도 소재만
바꿔서 진행하기도 한다. 굳이 반복과 차이라는 철학을
염두에 두고 일하는 건 아니다. 그런데 일이라는 게 다 그렇지
않나. 모두 반복과 차이다.

실제 디자인할 때의 작업 방식이 궁금하다.

몰입을 최우선에 둔다. 소재를 먼저 선택하고, 그 소재를
통해서 옷에 접근한다. 작은 스와치로 소재를 보기보다는
큰 야드 규모의 원단을 두고 생각한다. 쭉 펼쳐 놓기도 하고,
어딘가에 둘러놓을 때도 있다. 이번 시즌의 반복과 차이를
그렇게 고민한다. 물론 단번에 생각나지는 않는다. 매일매일,
꾸준히 반복해 생각한다.

클립과 의자, 바세린과 필름이라는 어젠다를 제시한
다. 이 역시 반복과 차이라는 철학과 맞닿아 있나?

그렇다. 평범해서 지나쳤지만, 어느 순간 특별하게 느껴지는
사물들을 찾은 결과였다. 어느 날 클립이 갑자기 예뻐
보이더라. 모두들 클립에는 너무도 많은 경험이 담겨 있을
거다. 나에게도 클립이 특별한 오브제는 아니었다. 그런데
클립을 조금씩 알아 가다 보니, 흥미로운 역사가 있었다.
클립은 정확한 디자이너가 없다. 발명한 사람이 없는데,
모두가 당연한 듯 쓰는 것이다. 지금 클립이 없는 세상은
떠올리기도 쉽지 않다. 도큐먼트도 그런 사소함에서 발생하는

중요성을 강조하는 브랜드다. 도큐먼트의 지향이 담겨 있다는 생각에 클립을 브랜드를 표현하는 오브제로 활용했다.

도큐먼트 플래그십 스토어. 사진: 김혜림

온라인 스토어 제품 하단에 글귀가 있다. 무슨 의미인지 궁금했다.

옷을 통해서 사유를 해보자는 의미였다. 온라인 스토어는 보통 옷을 사려고 들어오는 곳이다. 그래서 옷만 보고 구매하기 바쁘다. 글귀는 제품의 상세 설명 가장 하단에 있다.

도큐먼트에 대해 조금 더 주의 깊게 생각하는 사람만 발견할 수 있는 것이다. 대부분의 온라인 스토어 경험이 구매에서 끝나지 않나? 그다음을 감지하는 고객에게 제공하는 일종의 서비스다. 도큐먼트는 옷만 만드는 브랜드가 아니라는 생각을 하길 바랐다.

개인적으로 좋아하는 글귀들인가?

내가 좋아해서 수집하던 명언들이다. 옷에 어울리는 특정 글귀를 고른다기보다는 그때의 감정에 충실해 글귀를 추가한다.

브랜드에 철학이 있어야 하는 이유는 무엇인가?

브랜드에 있어 철학은 일종의 연결이다. 철학이 있다면 고객과 같은 주제로 꾸준히 고민하고, 이야기를 이어 나갈 수 있다. 만약 도큐먼트의 철학을 알고 도큐먼트의 옷을 선택해 입었다면, 그건 반복과 차이라는 철학을 입은 거다. 도큐먼트의 고객은 옷을 입는 반복적인 행위로도 특별히 이 옷을 선택한 이유를 표현할 수 있다. 그 표현은 브랜드와 고객이 느끼는 일종의 연결감이다.

모두가 자신의 브랜드에 철학을 담고자 한다. 어떻게 시작해야 하나?

나 자신이 좋아하는 걸 찾고, 거기서부터 출발해야 한다. 물론 좋아하는 걸 찾는 일이 쉬운 일은 아니다. 도큐먼트의 기업명인 '앤츠트레이스(Ant's Trace)'에도 그런 의미를 담았다. 이어령 선생의 책 《젊음의 탄생》에서는 개미의 동선을 짚는다. 개미는 먹이를 찾기 위해 불규칙한 동선을 그린다. 그러다가 먹이를 발견하면 바로 직진한다. 개미는 목표를 찾기 위해 방황하고, 직진하고, 또 직진하는 과정에서도 조금씩 방황한다. 이런 개미의 동선이 브랜드의 철학을 찾는 과정, 내가 좋아하는 걸 만나는 과정과 비슷하지 않을까.

도큐먼트가 정의하는 브랜딩이란 무엇인가?

지속하는 것이다. 뭐든지 지속하면, 그게 곧 브랜드가 된다. 처음부터 브랜딩을 해낼 수 있는 곳은 없다. 인위적으로 철학을 만드는 게 다가 아니라는 말이다. 자신의 철학을 믿고 지속해 나가는 것이 중요하다. 도큐먼트의 반복과 차이도 마찬가지다. 사소한 걸 특별하게 바라본다, 기존의 것을 주의 깊게 바라본다는 행위 자체가 브랜딩일 수 있다. 꾸준하기 때문이다. 사실 도큐먼트라는 이름, 보통 명사라서 상표권 등록이 안 된다. 그런데 그 지점이 오히려 더 '도큐먼트'스럽지 않나. (웃음)

마치며

온 세상이 하얀색이라면 어떨까. 이 세계를 하얀색이
독점하고 있다면 말이다. 누군가는 빨간 자동차를 갖고 싶어
할 수 있을까? 노란색 꽃다발과 파란 하늘이 있는 세상을
꿈꿀 수 있을까? 그렇지 않다. 우리는 하얀색 이외의 다른
색이 존재할 수도 있다는 사실을 모른 채 살아가게 될 것이다.
색채라는 상상력을 박탈당하는 삶이다.

15세기 독일에서는 설교집 한 권이 양 200마리에 수십
가마의 보리와 호밀을 얹은 가치였다고 한다. 말 그대로
'전 재산'이다. 21세기엔 상황이 달라졌다. 누구나 검색 한
번으로 어떤 논문이든 찾아볼 수 있다. 하지만 검색 결과를
좌지우지하는 것은 구글이다. 구글이 보여 주지 않는 정보는
잊히고 감춰진다. 독점 기업 구글은 우리의 상상력을
제한한다.

그래서 우리는 계속 궁금해하고, 또 상상해야 한다. 구글과
카카오, 애플과 아마존 너머의 세상을 말이다. 지금 우리가
누리고 있는 시대 다음의, 더 다양한 색채가 존재하는 곳을
상상해야 한다.

이것은 모닥불이 아니다. 모닥불 유튜브다. 이연대가 사진을 찍고 글을 썼다.

(왼쪽)'마음 상태'에 들어가 봤다. 난 주로 기분이 들뜨거나 행복할 때 기록하고, 힘들고 불안할 땐 명상 앱을 켠다. 모두 정신 건강하길. (오른쪽)'타이니 데스크(tiny desk)'라는 콘텐츠의 존재 자체도 모르고 있었는데, 백승민 에디터에게 영업을 당했다. 내 추천 영상은 Sam Smith! 누워서 이런 음악을 들을 수 있다니 참 행복한 세상이다. 홍성주가 사진을 찍고 글을 썼다.

(위)전 세계의 글을 가장 많이 독과점하는 존재는, 어쩌면 마이크로소프트 워드일지도 모른다. 매끈한
폰트로 매끈하게 글이 쌓여 가지만, 잘 들여다보면 완벽하지는 않다. (아래)내 폰에는 사진이 2만 8000장
정도 쌓여 있다. 들여다보는 일은 없다. 여전히 앨범은 종종 꺼낸다. 신아람이 사진을 찍고 글을 썼다.

(위)DeepL의 깔끔한 번역 결과는 얼기설기 짜맞춘 내 문장보다 훌륭했다. 번역기를 경쟁자 대신 동행자라고 생각하기로 했다. (아래)영원할 것 같은 스트리밍 플랫폼에서도 어떤 앨범은 사라진다. 찾는 음악이 없으면 조급한 마음이 들까 봐, 물리적으로 소유해 버렸다. 백승민이 사진을 찍고 글을 썼다.

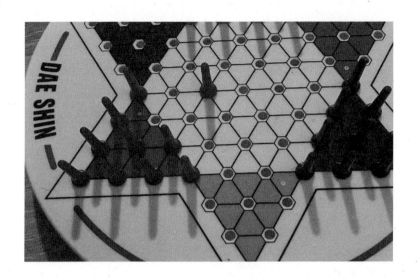

(왼쪽)일본의 한 중고 서점에 들어갔는데, 〈엽기적인 그녀〉 팸플렛과 크로스드레서 발레단 사진집을
같이 팔고 있었다. 무슨 책을 판다고 말하기 어려웠다. 구글 검색은 재미없는데 여기는 재미있다.
(오른쪽)다이아몬드 게임의 승리는 반독점적이다. 도착하면 출발한 길은 비어 버린다. 독점이 신화라는
교훈은 다이아몬드 게임 속에 있을지도 모른다. 김혜림이 사진을 찍고 글을 썼다.

(위)구글이 알려 준 곳들. 이번 여행은 구글 빼면 숙소만 남을 정도로 구글의 지분이 상당하다. 덕분에 좋은 사진과 추억을 남겼다. 역시 구글! (왼쪽 아래)하루 종일 지도 보고 검색하고 구글에만 파묻혀 있다가 탈디지털을 할 수 있는 유일한 시간이다. 권순문이 사진을 찍고 글을 썼다.